UTB 4294

Eine Arbeitsgemeinschaft der Verlage

Böhlau Verlag · Wien · Köln · Weimar
Verlag Barbara Budrich · Opladen · Toronto
facultas.wuv · Wien
Wilhelm Fink · Paderborn
A. Francke Verlag · Tübingen
Haupt Verlag · Bern
Verlag Julius Klinkhardt · Bad Heilbrunn
Mohr Siebeck · Tübingen
Nomos Verlagsgesellschaft · Baden-Baden
Ernst Reinhardt Verlag · München · Basel
Ferdinand Schöningh · Paderborn
Eugen Ulmer Verlag · Stuttgart
UVK Verlagsgesellschaft · Konstanz, mit UVK/Lucius · München
Vandenhoeck & Ruprecht · Göttingen · Bristol
vdf Hochschulverlag AG an der ETH Zürich

Kurt Bangert

Wirtschaftsenglisch für Berufseinsteiger

kompakt

UVK Verlagsgesellschaft Konstanz · München

Prof. Dr. Kurt Bangert ist ausgebildeter Lehrer für Englisch und Geschichte. Nach Staatsexamen und Promotion in Anglistik / Amerikanistik war er viele Jahre in einem Fremdsprachenverlag für den Bereich Englisch zuständig. 2003 wurde er zum Professor für Technisches Englisch und Wirtschaftsenglisch an die Beuth Hochschule für Technik in Berlin berufen. Er lehrt Wirtschaftsenglisch im Studiengang Betriebswirtschaftslehre und Technisches Englisch in ingenieurwissenschaftlichen Studiengängen.

Die Deutsche Bibliothek – CIP Einheitsaufnahme
Die Deutsche Nationalbibliothek verzeichnet diese Publikation in der Deutschen Nationalbibliographie; detaillierte bibliographische Daten sind im Internet über <http://dnb.ddb.de> abrufbar.

© UVK Verlagsgesellschaft mbH, Konstanz und München 2015
Das Werk ist einschließlich aller seiner Teile ist urheberrechtlich geschützt. Jede Verwertung außerhalb der engen Grenzen des Urheberrechtsgesetzes ist ohne Zustimmung des Verlags unzulässig und strafbar. Das gilt insbesondere für Vervielfältigungen, Übersetzungen, Mikroverfilmungen und die Einspeicherung und Verarbeitung in elektronischen Systemen.

Lektorat: Rainer Berger
Einbandgestaltung: Atelier Reichert, Stuttgart
Einbandmotiv: © Rawpixel – Fotolia.com
Piktogramme: © Two Brains Studios – Fotolia.com, © 1xpert – Fotolia.com

Druck und Bindung: fgb · freiburger graphische betriebe, Freiburg
Gedruckt auf chlorfrei gebleichtem alterungsbeständigen Papier.

UVK Verlagsgesellschaft mbH
Schützenstr. 24 · 78462 Konstanz
Tel. 07531-9053-21 · Fax 07531-9053-98

UTB-Band-Nr.: 4294
ISBN 978-3-8252-4294-7

Vorwort

Lieber Berufseinsteiger, liebe Berufseinsteigerin,

Sie haben in der Schule, während der Berufsausbildung oder an der Hochschule (Wirtschafts-)Englisch gelernt und nun Ihre erste Stelle angetreten. Jetzt wird es ernst: Der erste Telefonanruf von englischsprachigen Geschäftspartnern lässt nicht lange auf sich warten. Wie begrüße ich den Anrufer noch mal? Was sage ich, wenn ich ihn nicht richtig verstanden habe? Wie verabschiede ich mich professionell?

Der vorliegende „Kompaktkurs Wirtschaftsenglisch für Berufseinsteiger" hilft Ihnen, sich optimal auf diese und andere Herausforderungen des beruflichen Alltags vorzubereiten. In kleinen, überschaubaren Kapiteln haben wir für Sie die Vokabeln, Ausdrücke und Redewendungen zusammengestellt, die Sie für die Kommunikation mit Ihrem Geschäftspartner aus dem Ausland benötigen. Dabei haben wir uns auf Situationen konzentriert, die Sie mit hoher Wahrscheinlichkeit regelmäßig im Berufsleben antreffen werden. So stellen Sie z. B. Ihr Unternehmen auf Englisch vor, Sie telefonieren oder verhandeln mit Ihren Geschäftspartnern in der Fremdsprache, Sie schreiben Briefe und E-Mails oder präsentieren ein Produkt vor internationalem Publikum.

Die Kapitel sind so aufgebaut, dass Sie zunächst einen Musterdialog oder eine Musterpräsentation lesen und danach die wesentlichen sprachlichen Mittel dazu mit Hilfe einer übersichtlichen Tabelle lernen können. Abgerundet wird jedes kurze Kapitel mit einigen Hinweisen auf Besonderheiten des jeweiligen Themas.

Die Material wird ergänzt durch Tipps und Strategien zum eigenständigen Sprachenlernen und einer Auswahlbibliographie mit Büchern und Links, die sich für das Englischlernen als sehr hilfreich herausgestellt haben (z. B. Hinweise auf Wörterbücher, Wortschatztraining, Grammatiktraining und Online-Ressourcen).

Wir hoffen, dass Ihnen der Kompaktkurs ein nützlicher Begleiter für Ihren Berufseinstieg sein wird.

Berlin, im Dezember 2014 Prof. Dr. Kurt Bangert

Inhalt

Vorwort 3

**1 Kontakte knüpfen
[Making Contacts]** 6
1.1 Beispieldialog 6
1.2 Wortschatz 7
1.3 Tipps 8

**2 Über das Unternehmen, Produkte und
Dienstleistungen sprechen
[Talking about Companies, Products
and Services]** 9
2.1 Beispielpräsentation 1 9
2.2 Beispielpräsentation 2 9
2.3 Wortschatz 10
2.4 Tipps 12

**3 Auf Englisch telefonieren
[Telephoning in English]** 13
3.1 Beispieldialog 13
3.2 Wortschatz 14
3.3 Tipps 15

**4 Geschäftsbriefe und E-Mails schreiben
[Writing Business Letters and E-Mails]** 17
4.1 Beispielbrief 17
4.2 Wortschatz 18
4.3 Tipps 19
4.4 Beispiel-E-Mail 21
4.5 Tipps 21
4.6 Was sonst noch wichtig ist 22

**5 Graphen beschreiben
[Describing Graphs]** 23
5.1 Beispielabbildung und -beschreibung 23

5.2	Wortschatz	24
5.3	Tipps	25

**6 Auf Englisch verhandeln
[Negotiating in English]** 26
6.1 Beispielverhandlung 26
6.2 Wortschatz 27
6.3 Tipps 28

**7 Auf Englisch präsentieren
[Presenting in English]** 30
7.1 Beispielpräsentation 30
7.2 Wortschatz 31
7.3 Tipps 33

**8 Interkulturelle Hinweise
[Some Intercultural Communication Tips]** 35
8.1 Großbritannien 35
8.2 Vereinigte Staaten von Amerika 36
8.3 Lingua franca – non-native speakers 37

9 Lerntipps 39
9.1 Die „Four Skills" beim Sprachenlernen 39
9.2 Hörverstehen 39
9.3 Sprechen 40
9.4 Leseverstehen 40
9.5 Schreiben 41
9.6 Wortschatz und Grammatik 41
9.7 Prüfungen 42

**Hilfreiche Materialien fürs Englischlernen:
eine Auswahlbibliographie** 44
Klassische Lernmaterialien in Buchform 44
Das WWW fürs Englischlernen nutzen 46
Stichwortverzeichnis 48

1 Kontakte knüpfen [Making Contacts]

1.1 Beispieldialog

Rob Long:	Hello, I don't think we've met. Robert Long.
Fiona Newby:	Fiona Newby. Pleased to meet you.
Rob:	And what company are you from, Ms Newby?
Fiona:	PaperWorks. We produce and sell high-quality paper for the printing industry. I'm the sales manager for this region.
Rob:	PaperWorks ... I've heard about your company. Your business is growing very rapidly at the moment, in spite of the difficult times.
Fiona:	Yes, we're doing quite well. And what about you? Who do you work for, Mr Long?
Rob:	Please call me Rob. I'm the managing director of a large consulting company. We offer our services mainly to the printing industry. Here's my card.
Fiona:	Thanks, Rob. And here's mine.
	Another person is joining the group.
Rob:	Fiona, may I introduce you to a colleague? This is Martin Miller. He's one of our consulting specialists. Martin, please meet Fiona Newby. She's here for PaperWorks.
Martin:	How do you do?
Fiona:	Pleased to meet you.
Rob:	Fiona, I'm sure Martin would like to hear more about your company ... If you two would excuse me for a minute ...

1.2 Wortschatz

sich mit jemandem bekannt machen	Hello, I don't think we've met. / Hello, my name is … How do you do? / Pleased to meet you.
jemanden vorstellen	I'd like to introduce you to … May I introduce you to …? I'd like you to meet … / Please meet … Martin, this is … He/she works for … Martin, have you met …? He/she works for …
nach dem beruflichen Hintergrund fragen	What company are you from, Mr … / Mrs … / Ms …? Who do you work for?
jemandem den Gebrauch des Vornamens anbieten	Please call me Rob / Fiona. I'm Rob / Fiona.
Visitenkarten austauschen	Here's my card. And here's mine.
Auskunft über die Firma geben	We're a production company. We produce / manufacture parts for the … industry. We're in the consulting / … business. We offer services to … I work for myself. / I'm self-employed.

1.3 Tipps

- Um sich auf Englisch vorzustellen, verwenden Sie in der Regel feststehende Ausdrücke/Phrasen. Auf „How do you do?" beispielsweise antworten Sie ebenfalls mit „How do you do?" oder „Pleased to meet you." Unangebracht wäre es hingegen, auf die Wendung „How do you do?" über das eigene Befinden zu berichten.
- In der englischsprachigen Welt reden sich Geschäftspartner oft schon nach einem ersten kurzen Austausch mit dem Vornamen an. Dies ist keinesfalls mit freundschaftlicher Nähe zu verwechseln; das Gespräch wird weiterhin professionell geführt, wenn auch in einer weniger gezwungenen Atmosphäre. Sollten Sie mit dem Geschäftspartner zu einem späteren Zeitpunkt auch ein Gespräch auf Deutsch führen können, stolpern Sie nicht in eine interkulturelle Falle: Der Gebrauch des Vornamens hat in der Geschäftswelt mit Duzen nichts zu tun. Bleiben Sie beim Vornamen, aber nur in Verbindung mit „Sie".
- Wenn Sie Visitenkarten austauschen, stecken Sie die Karte Ihres Gegenübers nicht einfach in die Tasche. Nehmen Sie sie bewusst wahr (Name, Firma, Position) und zeigen Sie so Wertschätzung. Dies gilt insbesondere bei Kontaktaufnahme zu asiatischen Geschäftspartnern.
- Noch ein Wort zum „Handshaking": Im englischsprachigen Raum geben Sie sich beim ersten Kennenlernen und bei einem Wiedersehen nach längerer Zeit die Hand. Das Händeschütteln vor regelmäßig stattfindenden Besprechungen oder im täglichen Umgang mit Kollegen, wie es in Deutschland häufig vorkommt, ist unüblich.

2 Über das Unternehmen, Produkte und Dienstleistungen sprechen [Talking about Companies, Products and Services]

2.1 Beispielpräsentation 1

"I work in the purchasing department of a manufacturing company called CarTech. We produce parts for the car industry. We have three branches, two of which are based in Germany, one in Poland. Our company was founded in 1985 by Erik Miller, who still is the managing director. We are one of the market leaders; our main competitors are located in the southern part of Germany. We specialize in high-tech cylinder heads (*Zylinderköpfe*). Other products include pistons (*Kolben*) and piston rings (*Kolbenringe*). Our company has about 200 employees. Most of them work in production, others in administration and sales. We have a turnover of roughly 75 million euros per year. The headquarters of our company are in Munich."

2.2 Beispielpräsentation 2

"I'd like to talk about the company's departments. There are six units in all, and here's what they deal with. The **management** ensures that the company reaches its strategic goals and provides leadership to the employees. The **research & development** department (R&D) develops high-tech components which are then produced in our factory. The **purchasing department** procures all the materials needed for production or the daily operation of the company. The **accounts department** is in charge of all incoming and outgoing payments. The **personnel**

department looks after the employees' needs and takes on new staff. The **marketing & sales department** advertises the new products and makes sure that the products find their way to the customer. Because sales people are in close contact with their customers, they are able to provide the company with important market information."

2.3 Wortschatz

Aktivitäten (in) einer Firma beschreiben

to found / set up / start a company	eine Firma gründen
a start-up company	eine Neugründung, ein Jungunternehmen
the CEO / Managing Director (MD) / founder / owner of a company / entrepreneur [ˌɒntrəprəˈnɜː]	der Vorstandsvorsitzende / Geschäftsführer / Gründer / Inhaber einer Firma / Unternehmer
the MD ensures that the company reaches its strategic goals	der Geschäftsführer stellt sicher, dass die Firma ihre strategischen Ziele erreicht
the company is located / based in Berlin / the company's headquarters are in Berlin / the company is Berlin-based	die Firma hat ihren Sitz in Berlin
the company has branches / subsidiaries in …	die Firma hat Niederlassungen / Tochtergesellschaften in …
the company employs 150 people / has 150 employees / staff	die Firma beschäftigt 150 Mitarbeiter
the company is privately owned (LTD = limited company) / publically owned (PLC=public corporation) / government-owned	die Firma ist eine private GmbH / eine Aktiengesellschaft / ein staatliches Unternehmen

Wirtschaftsenglisch für Berufseinsteiger

the company makes / produces / manufactures … / the company's core business fields are … / offers a wide range of products	die Firma stellt … her / produziert … / die Kerngeschäftsfelder der Firma sind … / bietet eine breite Produktpalette an
the company provides services to …	die Firma bietet Dienstleistungen für … an
we specialize in …	wir sind auf … spezialisiert
to export to / to import from	exportieren nach / importieren aus / von
wholesalers sell business-to-business (b2b), retailers sell to consumers (b2c)	Großhändler beliefern Firmenkunden, Einzelhändler verkaufen an Privatkunden
to run a franchise business / franchisee / franchisor	ein Franchise-Geschäft betreiben / Franchise-Nehmer / Franchise-Geber
the company has a turnover of … euros per year / to make a profit / loss of …	die Firma macht einen Umsatz von … pro Jahr / einen Gewinn / Verlust in Höhe von … machen

Positionen und Aktivitäten von Angestellten beschreiben

to work in the production department / in production / in the sales department / in sales	in der Produktionsabteilung / in der Produktion / in der Vertriebsabteilung / im Vertrieb arbeiten
to run a company / a department	eine Firma / eine Abteilung leiten
to procure materials	Material beschaffen
to be in charge of / to be responsible for / to deal with	für etwas zuständig / verantwortlich sein / sich um etwas kümmern
his job involves a lot of travel / customer contact	seine Aufgabe beinhaltet viel Reisetätigkeit / Kundenkontakt
to report directly to the MD	dem Geschäftsführer direkt unterstellt sein / berichten

Über das Unternehmen … sprechen

Abteilungen einer Firma benennen	
the management	die Geschäftsführung
research & development (R&D) department	die Forschungs- und Entwicklungsabteilung
purchasing department	Einkaufsabteilung
accounts department	Buchhaltung
personnel / human resources department	Personalabteilung
marketing & sales department	Marketing- und Vertriebsabteilung
legal department	Rechtsabteilung

2.4 Tipps

Viele Gespräche auf internationalen Kongressen oder Messen beginnen mit der Frage nach den Aktivitäten Ihres Unternehmens und Ihrer eigenen Zuständigkeit. Schön, wenn Sie dann sprachlich souverän agieren können. Nehmen Sie sich die Zeit und stellen Sie Ihre eigene kleine „Präsentation" zusammen; die Ausdrücke auf dieser Lerntafel können Ihnen dabei helfen.

- Wenn es heißt „What do you do for a living?" („Was machen Sie beruflich?"), könnten Sie z. B. einfach antworten „I'm in sales", Sie sind im Vertrieb tätig. Das reicht fürs Erste vollständig, warten Sie ab, wie sich das Gespräch entwickelt.
- Nutzen Sie „customers" für Kunden, die handfeste Produkte / Waren („products / goods") einkaufen, „clients" für alle, die Dienstleistungen („services") in Anspruch nehmen. Etwa: „We are retailers and offer a wide range of goods to our customers". Aber: „Our clients expect a first-class consultancy service."
- Achtung, falscher Freund: Das englische Wort „branch" bedeutet in der Geschäftswelt „Zweigstelle, Niederlassung". Das deutsche Wort „Branche" hingegen wird mit „business" oder „industry" wiedergegeben. So sagen Sie z. B. „I work in the insurance business / industry."

3 Auf Englisch telefonieren [Telephoning in English]

3.1 Beispieldialog

Receptionist:	Good morning, ABC Photo Publishing, how can I help you?
Caller:	Hello, I'd like to speak to Nick Millibrand, please.
Receptionist:	Who's calling, please?
Caller:	This is John Sledgehammer from Pre-Press Enterprises.
Receptionist:	Thank you. Putting you through now, Mr Sledgehammer.
Sledgehammer:	Thank you.
Millibrand:	Nick Millibrand speaking.
Sledgehammer:	Hello Mr Millibrand. This is John Sledgehammer from Pre-Press Enterprises.
Millibrand:	Oh, hello Mr Sledgehammer. What can I do for you?
Sledgehammer:	Well, the reason I'm calling is to find out about the photos we ordered one month ago. They are now two weeks overdue and we need them urgently for production.
Millibrand:	I'm sorry to hear that, Mr Sledgehammer. One moment, I'll just have to get the file. Would you please hold the line? ... *music, one minute later* ... Sorry to keep you waiting, Mr Sledgehammer. Something seems to have gone wrong with the delivery. I'll have to get in contact with the courier. Can I get back to you on this?
Sledgehammer:	Yes, no problem. When will I hear from you again?

Millibrand:	By the end of the day at the latest. I apologize for the delay. Thank you for calling, Mr Sledgehammer.
Sledgehammer:	Thank you and goodbye for now.
Millibrand:	Goodbye and have a nice day.

3.2 Wortschatz

das Gespräch annehmen	Good morning / afternoon, ABC Photo Publishing, can I help you / how may I help you?
Anrufer sucht den richtigen Gesprächspartner	I'd like to speak to … / Could I speak to …, please? Would you please put me through to …, please?
den Anrufer identifizieren	Who's calling please? May I ask who's calling?
der Anrufer stellt sich vor	This is John Sledgehammer from Pre-Press Enterprises. It's Helen Wood speaking.
den Anrufer durchstellen	I'll put you through. Putting you through now. You're through now.
den Anrufer um Geduld bitten	I'm sorry, the line is engaged / busy. Will you wait / hold? I'm sorry, he's / she's in a meeting. Would you like to leave a message? I'm sorry, he's / she's out of the office at the moment. Can he / she call you back?
den Grund für den Anruf nennen	The reason I'm calling is to find out about … I'm calling / phoning to ask / find out about … I need to talk to someone in accounts.

auf das Problem des Anrufers eingehen	One moment, sir / madam / Mr … / Ms …, I'll just have to get the file. OK, let me check this for you on my computer. Ah, yes, here we are. We sent out the photos last Friday. I need to check this with my colleague first. Can I get back to you?
sich verabschieden	Well, thanks a lot. Bye for now. Goodbye, sir / madam. Thanks for calling. Goodbye. Goodbye and have a nice day.
schlechte Verbindung	I'm afraid the line is very bad. Could you speak up please? Sorry, I didn't catch that. Could you say it again, please? I'm afraid I can't hear you.
Besonderheiten	Das Handy heißt auf Englisch „mobile phone" (GB) oder „cell phone" (US), niemals „handy", was „praktisch, handlich" bedeutet. Aussprache von Telefonnummern: 0044 573 83 95: double oh – double four – five-seven-three – eight-three – nine-five. Anstatt „oh" [əʊ] hört man auch häufig „zero" [ˈzɪərəʊ].

3.3 Tipps

Telefonieren in der Fremdsprache ist eine besondere Herausforderung, Sie sind völlig auf Ihr Hörverstehen angewiesen, können sich nicht durch die Körpersprache (Mimik, Gestik) des Gegenübers helfen lassen; außerdem müssen Sie sich blitzschnell auf unerwartete Akzente / Dialekte einstellen. Deswegen ist die Vorbereitung aufs Gespräch umso wichtiger:

- Halten Sie Stift und Notizblock bereit.
- Rechnen Sie damit, dass Ihr Geschäftspartner sehr schnell spricht („That was a bit too fast. Could you repeat it, please?").
- Stellen Sie sicher, dass Sie alles richtig verstanden haben („If I understand you correctly, ... / May I summarize what we have just said?").
- Formulieren Sie stets höflich: Lieber ein „thank you" oder „please" zu viel als zu wenig.
- Führen Sie wichtige Gespräche vom Festnetz, nicht vom Mobiltelefon.
- Spielen Sie wichtige Gespräche vorher einmal sprachlich durch; Sie werden merken, das steigert Ihr Selbstvertrauen.

4 Geschäftsbriefe und E-Mails schreiben [Writing Business Letters and E-Mails]

4.1 Beispielbrief

The Business Letter (British Layout)

                    Schnell-Verlag GmbH
                        Schnellstr. 25   ①
                         15345 Berlin
                     Tel. +49 30 24425665
                    Fax. +49 30 24425666
            E-Mail: heiser@schnellverlag.com
               www.schnellverlag.com

HH/OW   ②
2 April 20XX   ③

The Export Manager
Printing Unlimited   ④
18 South View Road
Chester
SY5 7JH
Great Britain

Dear Sir or Madam   ⑤

Request for Information about your Printing Services   ⑥

We visited your stand at the London Print Fair and were most impressed by the technology you demonstrated, together   ⑦ with your colleagues from your subsidiary in Hong Kong. As a leading publisher in the area of non-fiction with an expanding list, we are looking for printing partners outside Europe, preferably in Asia. We are enclosing our latest company brochure.

Please send us more detailed information on your printing services and also some samples that can demonstrate your quality standard. Can you guarantee prompt delivery from Hong Kong to Europe? Information on your terms of payment and delivery and all discounts granted would also be appreciated.

Should you require a reference, please contact Deutsche Bank in Berlin. If your offer meets our requirements, we will be pleased to place a trial order with you.

We look forward to hearing from you soon. ⑧

Yours faithfully ⑨
Schnell-Verlag GmbH

Hannes Heiser
Purchasing Director ⑩

Enc ⑪

Cc: Fritz Fuchs, Project Manager ⑫

4.2 Wortschatz

request for information / quotation	Informationsanforderung / Angebotsaufforderung
to visit a stand / be impressed by …	einen Messestand besuchen / beeindruckt sein von …
as a leading publisher / company	als führender Verlag / führendes Unternehmen
to look for partners / enclose brochures / leaflets / flyers	Geschäftspartner suchen / Broschüren / Faltblätter / Flyer beilegen

to send detailed information on / about … / samples	genaue Informationen über … zukommen lassen / Muster schicken
to guarantee prompt delivery	schnelle Lieferung garantieren / zusagen
terms of payment and delivery	Zahlungs- und Lieferbedingungen
to grant discounts	Rabatte / Preisnachlässe gewähren
Information on … would be appreciated.	Wir sind dankbar für Informationen über …
to require a reference	eine Bankreferenz verlangen
If your offer meets our requirements …	Wenn Ihr Angebot unseren Anforderungen entspricht …
to place a trial order	eine Probebestellung aufgeben
We look forward to hearing from you soon.	Wir freuen uns darauf, bald von Ihnen zu hören.
Sales / Purchasing / Marketing Director	Verkaufs- / Einkaufs- / Marketingleiter

4.3 Tipps

① Briefkopf (**letter head**) mit Firmenlogo und Kontaktdaten.

② Bezugszeichen (**reference initials**). Das Bezugszeichen besteht im Englischen häufig aus den Initialen des Autors (HH: Hannes Heiser) und ggf. auch der Schreibkraft (OW: Otilie Winter).

③ Es gibt verschiedene akzeptable Datumsangaben (**date**). Am einfachsten und universellsten ist die hier verwendete: Ziffer für den Tag plus ausgeschriebener Monat plus 4-stellige Jahresangabe. Keine Satzzeichen verwenden.

④ Empfängeradresse (**receiver's address**). Im vorliegenden Fall hat der Autor keinen namentlich bekannten Ansprechpartner, er möchte den Exportmanager erreichen.

⑤ Anrede (**salutation**). Ohne namentlich bekannten Ansprechpartner verwenden Sie bitte „Dear Sir or Madam" / „Dear Sir / Madam". Reden Sie Geschäftspartnerinnen immer mit dem neutralen „Ms" [mɪz] an, also „Dear Ms Wood". Setzen Sie weder ein Komma hinter die Anrede noch hinter die Schlussformel ((⑨)).

⑥ Die Betreffzeile (**subject line**) wird unterstrichen oder fett formatiert, die Schlüsselwörter zudem in Großbuchstaben geschrieben. Eine Besonderheit: In britischen Geschäftsbriefen folgt die Betreffzeile der Anrede, im Amerikanischen ist es umgekehrt, also wie im Deutschen.

⑦ Der Hauptteil des Briefes (**body of the letter**) beginnt **immer** mit einem Großbuchstaben und enthält alle relevanten Informationen. Beachten Sie den Briefstil: klar, direkt, höflich. Formulieren Sie Ihren Geschäftsbrief so, dass für den Empfänger deutlich wird, was als nächstes zu tun ist. Geschäftsbriefe enthalten Wendungen / Standardausdrücke, die Sie immer wieder verwenden können.

⑧ Höfliche Schlussformulierung (**polite ending**), oft eine Standardformulierung.

⑨ Schlussformel (**complimentary close**). Hannes Heiser wählt „Yours faithfully", weil er den Adressaten nicht namentlich kennt, andernfalls würde er „Yours sincerely" benutzen.

⑩ Platzieren Sie Ihre Position (**job title**) unterhalb Ihres Namens.

⑪ Anlage (**Enclosure** [Enc]). Zu verwenden, wenn Sie Ihrem Brief Infomaterialien wie Broschüren oder Prospekte beilegen.

⑫ Kopie („**Cc**" für „carbon copy", stammt von dem heute kaum noch bekannten Durchschlagpapier). Wird genutzt, um den Vorgesetzten oder einen Kollegen über den Vorgang zu informieren.

4.4 Beispiel-E-Mail

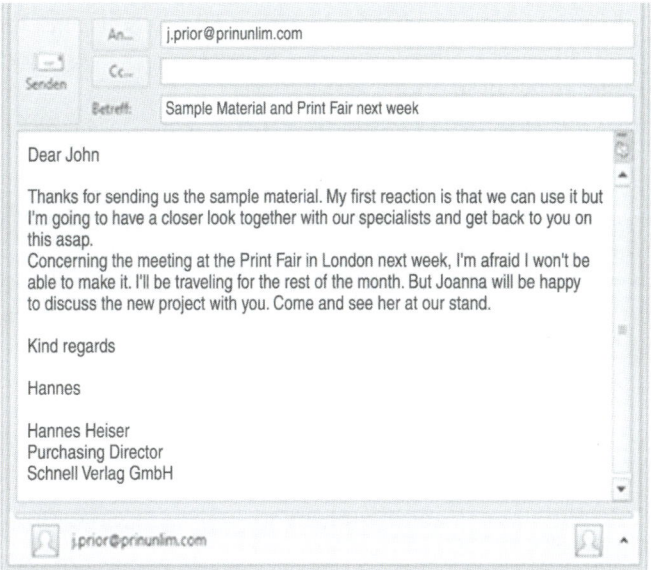

4.5 Tipps

Im Unterschied zum Geschäftsbrief weist die E-Mail folgende Merkmale auf. Sie

- ist das Standard-Kommunikationsmittel im täglichen Geschäftsverkehr.
- hat eine kurze, prägnante Betreffzeile (subject line), die den Empfänger auf einen Blick darüber informiert, worum es in der Mail geht. Dies ist besonders wichtig in Anbetracht der täglichen Mailflut.
- ist weniger formell in der Anrede („Dear John" anstatt „Dear Mr Prior, „Kind regards" anstatt „Yours sincerely"). Im vorliegenden Fall haben die Beteiligten schon eine längere Geschäftsbeziehung.

- verwendet unkomplizierte Alltagssprache („I won't be able to make it." anstatt „I will not be able to meet you." „Come and see her." anstatt „Please meet her at our stand.") und ist dadurch für den schnellen Informationsaustausch bestens geeignet. Die Sätze sind kürzer als in einem Geschäftsbrief.
- erlaubt zusammengezogene Formen wie „Thanks, I'm, won't, I'll".
- verträgt die im Internet üblichen Abkürzungen/Akronyme wie „asap" – as soon as possible, „24/7" – 24 hours a day, 7 days a week, „b2b" – business to business.
- hat eine Bcc-Option („Blind Carbon Copy"), also Blindkopie-Verteiler. Bitte nur spärlich verwenden, allenfalls bei Vorgängen, bei denen z. B. der Vorgesetzte vertraulich auf dem Laufenden gehalten werden soll, ansonsten lieber auf die Cc-Funktion zurückgreifen. Interessante Wortneuschöpfung: „to cc someone", jemanden auf Kopie setzen.

4.6 Was sonst noch wichtig ist

- Eine E-Mail ist ein Geschäftsdokument und sollte möglichst fehlerfrei verschickt werden. Daher: Einmal zur Kontrolle durchlesen, bevor Sie auf den Senden-Knopf klicken.
- Antworten Sie nicht sofort auf E-Mails, die Sie möglicherweise provozieren. Sie haben 24 Stunden Zeit für Ihre Antwort. Deeskalieren Sie, indem Sie mit zeitlichem Abstand sachlich reagieren. Im Zweifel einen Kollegen zu Rate ziehen!
- Wenn Sie merken, dass Ihr Partner formeller reagiert als erwartet, stellen Sie sich bei Ihrer Antwort darauf ein.

5 Graphen beschreiben [Describing Graphs]

5.1 Beispielabbildung und -beschreibung

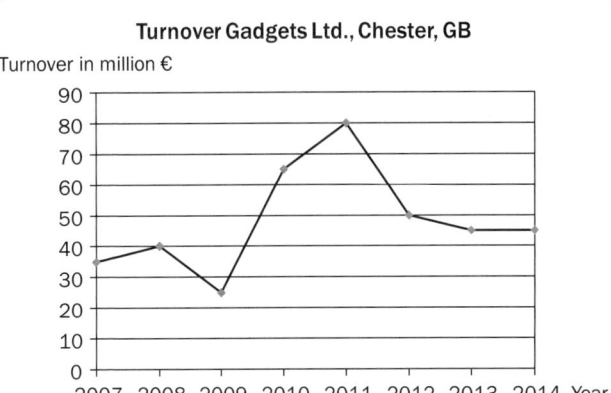

"I'd like to refer you to the first graph. It's a line graph which shows you the turnover of Gadgets Ltd between 2007 and 2014 in euros.

In 2007 the company generated a turnover of 35 million euros. Then the company extended their product range and sales increased slightly, reaching 40 million euros in 2008. In 2009, however, turnover fell steadily and bottomed out at 25 million euros. The situation improved considerably the following year when Gadgets Ltd launched a new product. Because of this, sales soared and reached 65 million euros. In 2011 turnover peaked at 80 million euros. In 2012 competition became extremely strong. As a consequence, sales had a sudden fall that year and reached only 50 million euros. The following year, turnover decreased further to 45 million euros and stayed the same in 2014."

5.2 Wortschatz

eine Aufwärtsbewegung beschreiben	to increase / go up / rise / grow / climb slightly / gently / gradually / rapidly / significantly / suddenly / sharply / dramatically to soar / rocket (*emporschnellen*) to recover (*sich erholen*) There was a significant / marked / pronounced increase. to peak / to reach a / the peak (*einen / den Höhepunkt erreichen*)
eine Abwärtsbewegung beschreiben	to decrease / go down / fall / drop / decline slightly / gently / gradually / rapidly / significantly / suddenly / sharply / dramatically There was a significant / marked / pronounced / dramatic decrease / fall / drop / downturn. to bottom out / to reach a low point / the lowest point (*einen / den Tiefpunkt erreichen*)
eine Auf- und Abwärtsbewegung beschreiben	to go up and down / fluctuate
einen gleichbleibenden Trend beschreiben	to stay the same / to stabilize / to level off
Gründe / Konsequenzen angeben	because of this / due to this / as a result / consequence
Kreisdiagramme (pie charts) beschreiben, z. B. welchen Anteil am Umsatz welches Produkt ausmacht	Smart phones represent 55 % of sales. Mp3 players account for 20 % of sales. Tablet PCs make up 25 % of sales.

5.3 Tipps

Beachten Sie bei der Beschreibung von Diagrammen einige Grundregeln:

- Beschreiben Sie immer die Vorgänge/Entwicklungen, die sich hinter dem Diagramm verbergen, und nicht den Linienverlauf als solchen. Formulieren Sie also „As you can see, **sales** are growing steadily this year."
- Bei der Beschreibung von Vorgängen können Sie die Vergangenheitsform (Simple Past, Past Continuous Form) oder die Gegenwartsform (Simple Present, Present Continuous Form) gebrauchen. Sie können also z. B. sagen: „As you can see, profits were declining in 2013." Oder aber: „Look at this: Profits are declining in 2012 but there is a slight increase at the beginning of 2014." Sie sollten aber die Zeitformen möglichst nicht wechseln, sondern die einmal gewählte durchgängig nutzen.
- Variieren Sie Ihre Beschreibung, indem Sie zwischen den Konstruktionen Verb plus Adverb („Sales dropped dramatically.") und Adjektiv plus Substantiv („There was a sudden drop in sales.") wechseln. Formulieren Sie ruhig hin und wieder dramatisch („Sales rocketed in the first quarter.") Das wirkt nicht so eintönig und hält den Zuhörer bei der Stange.

6 Auf Englisch verhandeln [Negotiating in English]

6.1 Beispielverhandlung

B = Buyer, S = Supplier

> B OK, shall we get down to business? I suggest today we talk about price and terms of payment for smartphones. Is this OK with you?
>
> S I think we should add delivery terms to the agenda. (...)
>
> B Do you think you can consider a lower price if we commit to ordering 15,000 units in the first year?
>
> S We would be able to grant you an even bigger discount if you ordered 20,000 units to start with and 25,000 units in the years to follow. (...)
>
> B I think the initial contract should cover two years.
>
> S If you look at it from my point of view I'm sure you will agree that four years are much better. After all, we will be producing the phones exactly to your specifications.
>
> B I'm willing to meet you halfway on this. Could we agree to three years?
>
> S That's a fair proposal. (...)
>
> B It seems that we have reached agreement on discounts, doesn't it?
>
> S Yes, we've covered that. (...)
>
> B Let's move on to the next item on our agenda, the delivery period. We need the smartphones urgently, as there is a strong demand for this type of product. Will you be able to deliver within three months?
>
> S I'm afraid this might be a bit too tight. We are willing to make a part delivery, say 5,000 units, three months after receipt of order. The remaining items will be delivered one month later. How does this sound?
>
> B OK, but 5,000 within three months is a must. (...)
>
> S OK. Can we review what we have agreed on so far?
>
> B Yes, that would be useful.

6.2 Wortschatz

die Verhandlung beginnen	Shall we get down to business? Let's get down to business. Shall we make a start? Let's get started.
die Tagesordnung festlegen	Let's agree on the agenda first. I suggest we talk about … first and then move on to … Can we add an item to the agenda? There are … items on the agenda. Shall we take the points in this order?
von einem Punkt zum anderen gehen	So, let's start with … Why don't we start with …? Let's move on to the next item on our agenda, which is … Now that we've agreed on … let's turn to the next item on the agenda.
einen Vorschlag machen	Do you think you can consider a lower price / a higher discount if we commit to …? Would it be possible for you to …? May I propose that … How about …? Why don't we / you …?
einen Gegenvorschlag machen	If you look at it from my point of view I'm sure you will agree that … How about …instead? Could you consider …instead? Would you find … acceptable? I'm not too happy with that. What about … instead? May I suggest an alternative?

Kompromisse finden	I'm willing to meet you halfway on this. Could we agree to three years? – That's a fair proposal. In return for this, would you be willing to …? We would be ready to accept this; however there would be one condition. …
auf einem Punkt bestehen	It is crucial / essential for us to … This is a must. I'm sorry, we can't accept this. That's totally unacceptable.
dem Ergebnis zustimmen	It seems that we have reached agreement on … I think we have an agreement. It's a deal!
die Ergebnisse zusammenfassen	Let's quickly go over today's main points. Can we review what we have agreed on so far? Let's recap on our main points. Let's summarize what we've agreed on today. Yes, a summary would be useful.

6.3 Tipps

Verhandeln auf Englisch ist komplex; Sie sprechen in der Fremdsprache, Ihr Gegenüber möglicherweise in seiner Muttersprache. Diesen Wettbewerbsnachteil sollten Sie durch eine gute Vorbereitung ausgleichen, insbesondere in sprachlicher Hinsicht.

- Formulieren Sie stets höflich unter Verwendung von modalen Hilfsverben: „May I suggest / propose …? Could we …? Would you agree that …? Shall we …?" Dies ist wichtig für eine entspannte Atmosphäre und einen respektvollen Umgang miteinander.

- Wenn Sie nicht nur vereinzelt, sondern berufsbedingt häufig verhandeln müssen, lohnt sich eine grammatische Trainingseinheit: Wiederholen Sie die „If-Sätze" (Typ I und II). Beim Verhandeln kommen diese häufig zum Einsatz, z. B. in Formulierungen wie „If you look at it from my point of view you will agree that ..." (Typ I, erfüllbare Bedingung) oder „If you agreed to this, we would be able to move a step in your direction." (Typ II, Möglichkeit)
- Stellen Sie zwischendurch immer wieder sicher, dass Sie alles richtig verstanden haben („If I understand you correctly, ... / May I summarize what we have just said?"). Fassen Sie nach dem Treffen alle Ergebnisse schriftlich, z. B. in einer E-Mail, zusammen, damit beide Seiten letzte Missverständnisse ausräumen können.

7 Auf Englisch präsentieren [Presenting in English]

7.1 Beispielpräsentation

"Good afternoon, ladies and gentlemen. My name's Stephanie Clark and I'm the marketing & sales director of SEON, a start-up company that offers online services to learners of English. Now, you may wonder what SEON means. Actually, it's an acronym which stands for "Study English Online".

I'd like to talk to you today about our innovative service for language students which is available in Germany and some other European countries. I'll be addressing three main points in my presentation. First, I'm going to give you a general overview of what our website has to offer in order to facilitate the learning process. In my second point I'd like to look in more detail at the advantages of studying a language online, with a special focus on vocabulary and grammar, using lots of examples from our website. And finally, in my third point, I'll be showing you how you, as teachers, can benefit from our services in your own classroom.

This presentation will take about 45 minutes. If you have any questions, I'll be glad to answer them after I have finished my talk.

OK, to start with, I'd like you to take a look at our website. As you can see (…) In the first part of my presentation I've outlined what our website can offer to your students. Let's now move on to my second point. I'd like to invite you to actually do some vocab and grammar exercises online, which will help you to evaluate what benefits there are for the students. (…)

That's all I have to say about the different types of online activities. The third and final point I'd like to discuss is how you can make your teaching even more attractive by taking advantage of our online services. We've developed a special feature for that

Wirtschaftsenglisch für Berufseinsteiger

purpose which I'd like to demonstrate to you. As I've already said, (...)
Let me just summarize my main points. Today we've looked at ...
I've now come to the end of my talk. I hope I've been able to make you familiar with our innovative learning and teaching services. If you have any questions, I'll be glad to answer them right now. Thank you very much for your attention."

7.2 Wortschatz

das Publikum begrüßen und sich vorstellen	Good morning / afternoon / evening, ladies and gentlemen / colleagues / fellow students. My name is ... and I'm the marketing director / CEO / ... of ...
das Thema einführen und auf Fragemöglichkeiten hinweisen	I'd like to say a few words today about ... / talk to you today about ... / explain to you today the ... In my presentation I'm going to explain ... I've divided my talk into ... main parts. I'll be addressing ... main points in my presentation. This presentation / talk will take about ... minutes. If you have any questions, I'll be glad to answer them after I have finished my talk. I'll be happy to take your questions after my talk. If you have any questions, please feel free to interrupt me at any time.
den ersten Punkt einführen	To start with, I'd like to consider ... First of all, I'd like to look at ... OK, let's get going. The first point I'd like to make / discuss is ...

einen Punkt abschließen	That's all I have to say about … Now we've looked at / dealt with / discussed …
von einem Punkt zum anderen wechseln – Beziehungen zwischen den Argumenten herstellen	Now let's turn to … / move on to … The next point I'd like to make is … Secondly … / Thirdly… I'd like to talk about … However / on the other hand / although / in spite of this …(*Gegensätze ausdrücken*) Therefore / so / consequently / because of this / as a result …(*kausale Zusammenhänge darstellen*) Furthermore … / Moreover… / In addition to this… / Finally…(*Punkte aneinanderreihen*)
sich auf bereits Gesagtes beziehen / ausdrücken, dass etwas später behandelt wird / auf Fragen reagieren	As I said at the beginning … As I've already said, … As I mentioned earlier, … I'll come to that later. I'll return to this point in a few minutes. If you don't mind, I'll answer this question at the end of my presentation. Can we get back to this a bit later?
die Präsentation zusammenfassen	So now I'd just like to summarize the main points. In brief, we've looked at … If I may just recap the most important points …
Schlüsse ziehen und sich verabschieden	That's all I have to say for now. I think that covers most of the points. That concludes my talk. OK, that brings me to the end of the presentation. In conclusion I'd like to thank you for … Thank you for your attention.

zu Fragen einladen	And now, if you have any questions, I'll be glad to answer them. Any questions? I would welcome any comments / suggestions. OK, we only have a few minutes left. Is there one last question?

7.3 Tipps

Was sollten Sie bei einer Präsentation (nicht nur) in der Fremdsprache beachten? Eine gründliche Vorbereitung ist entscheidend. Dazu zählt zunächst einmal, dass Sie Ihr Thema zu 100 % beherrschen. Aber nicht nur das:

- Überlegen Sie, welche Ziele Sie mit Ihrer Präsentation verfolgen (Verkauf, Training, Information etc.). Danach richten sich Inhalt und Aufbau Ihres Vortrags. Wenn Sie sich selbst nicht genau darüber im Klaren sind, können Sie auch Ihr Publikum nicht überzeugen.
- Reisen Sie deutlich vor Beginn der Veranstaltung an, um den Raum kennenzulernen. Das gibt Selbstvertrauen.
- Planen Sie die Länge Ihrer Präsentation genau nach Vorgabe, überziehen Sie nicht. Ihr Publikum wird es Ihnen danken.
- Strukturieren Sie Ihre Präsentation gemäß der Tabelle oben.
- Nehmen Sie Ihr Publikum mit auf Ihre gedankliche Reise. Benutzen Sie „signpost language" (siehe Tabelle oben), die den Zuhörer jederzeit darüber informiert, wo Sie sich gerade befinden („The second point I'd like to discuss..."). Eine Übersicht zu Beginn und eine Zusammenfassung am Ende sind zwingend!
- Unterstützen Sie Ihre Präsentation visuell (Powerpoint, Flipchart). Bedenken Sie: Nur 20% der Informationen werden über das Hören aufgenommen, 80% durch visuelle Wahrnehmung. Folien oder Charts bieten noch einen weiteren Vorteil: Sie können Ihre Schlüsselaussagen auf Englisch perfekt vorbereiten und sich

während des Vortrags darauf beziehen. Das gibt Ihnen die nötige Selbstsicherheit!

- Lesen Sie Ihre Folien nicht vor, erläutern Sie die Kernaussagen, dem Publikum zugewandt (Blickkontakt!). Nutzen Sie Karteikarten, auf die Sie während des Vortrags zurückgreifen können.
- Spielen Sie Ihre Präsentation zwei- bis dreimal durch, vor Freunden oder im Zweifel vor dem Spiegel. Das hilft Ihnen, die (Fach)Sprache zu trainieren und den Zeitbedarf zu überprüfen und ggf. anzupassen. So wird's gelingen!

8 Interkulturelle Hinweise [Some Intercultural Communication Tips]

Bitte bedenken Sie: Das Verhalten von Geschäftspartnern aus anderen Ländern ist (wie Ihre eigenes) sowohl soziokulturell als auch individuell geprägt. Daher ist Vorsicht geboten: Schließen Sie nicht von dem, was Sie in einer Begegnung erleben, auf die Gesamtheit der ausländischen Partner oder gar auf die Nation. Lassen Sie neue Eindrücke in Ruhe auf sich wirken, hören Sie zu, schauen Sie sich um, agieren Sie bedächtig: Ihr Geschäftspartner wird es honorieren. Dafür gibt es im Englischen übrigens ein sehr passendes Sprichwort: „When in Rome, do as the Romans do".

Wir gehen im Folgenden besonders auf Großbritannien und die Vereinigten Staaten als bedeutende englischsprachige Wirtschaftsregionen ein; bedenken Sie aber, dass Englisch in mindestens 75 Staaten der Welt Amtssprache ist oder einen besonderen Status hat; das entspricht einer Bevölkerung von über zwei Milliarden.[1]

8.1 Großbritannien

In Geschäftsbeziehungen mit britischen Partnern beachten Sie bitte folgende Besonderheiten:
- „Small Talk" zu Beginn einer Verhandlung spielt eine wichtige Rolle. Sie sprechen über belanglose Themen wie z. B. Ihre Anreise oder das Wetter, das Eis ist nach einer solchen Phase schnell gebrochen und die Stimmung für das bevorstehende Treffen positiv. Vermeiden Sie politische oder zu persönliche Themen.
- „Handshaking": Im englischsprachigen Sprachraum geben Sie sich beim ersten Kennenlernen und oft bei einem Wiedersehen nach längerer Zeit die Hand. Im täglichen Umgang ist das Händeschütteln unüblich.
- Sitzungen beginnen – wie in Deutschland – stets pünktlich, planen Sie daher Ihre Anreise sorgfältig.

---

[1] http://www.britishcouncil.org/learning-faq-the-english-language.htm

- In der englischsprachigen Welt reden sich Geschäftspartner schon nach einem ersten kurzen Austausch mit dem Vornamen an. Wenn Sie aber unsicher sind, warten Sie am besten, bis Sie dazu aufgefordert werden („Please call me Rob").
- Die englische Verhandlungssprache ist sehr höflich, positiv und diplomatisch. So genannte „downtoners" (Wörter, die eine Aussage abschwächen) sind weit verbreitet (z. B. „perhaps", „slightly"), um zurückhaltend zu agieren. Eine zu direkte Argumentation wird häufig als unhöflich empfunden.
- Akademische Titel (Dr.) sind der Wissenschaft vorbehalten und werden in Gesprächen nicht benutzt (außer im Kontakt mit Ärzten).

8.2 Vereinigte Staaten von Amerika

Viele Tipps für den Umgang mit britischen Geschäftspartnern gelten auch für die Vereinigte Staaten. Einige Besonderheiten kommen hinzu:

- Amerikanische Geschäftspartner sind direkter in der Kommunikation. Klarheit, Logik und Gradlinigkeit werden geschätzt und Formalitäten nachgeordnet, denn: „Time is money". „Beating around the bush" (um den heißen Brei herumreden) ist nicht angesagt, stattdessen kommen die Partner schnell zum Punkt („get down to business"). Entsprechend kürzer fällt der Small Talk aus.
- Wundern Sie sich nicht, wenn persönliche Dinge zur Sprache kommen. Erlebnisse aus der Familie werden gerne geschildert. Bereiten Sie sich darauf vor, dass Sie auch über ein persönliches Detail sprechen. Dies kann durchaus als Eisbrecher wirken.
- Der Umgang mit amerikanischen Partnern ist tendenziell unkompliziert. Sie sind in der Regel offen und risikobereit. Ihnen geht es um die Aufgabe, die erfolgreich zu erledigen ist, weniger um die persönlichen Beziehungen. In diesem Zusammenhang wird oft die Aussage des früheren amerikanischen Präsidenten Calvin Coolidge (1872–1933) zitiert: „The chief business of the American people is business."

- Die Angewohnheit, elektronische Geräte wie Smartphones während der Verhandlungen zu nutzen, wirkt bei amerikanischen Geschäftspartnern grob unhöflich und sollte daher vermieden werden.
- Gastgeschenke sind im geschäftlichen Kontext unerwünscht, die Compliance-Regeln vieler Firmen verbieten dies sogar ausdrücklich.

8.3 Lingua franca – non-native speakers

- Das British Council hat interessante Fakten zusammengetragen, die die Bedeutung des Englischen unterstreichen. Für ca. 375 Millionen Menschen ist Englisch die Muttersprache. Experten schätzen, dass mindestens weitere 375 Millionen Sprecher Englisch als Zweitsprache nutzen. Man nimmt außerdem an, dass ca. 750 Millionen Menschen Englisch als Fremdsprache sprechen.[2]
- Die englische Sprache hat sich nach dem Zweiten Weltkrieg und vor allem in den letzten 20 Jahren, begünstigt durch die rasante Verbreitung der neuen Medien, zur wichtigsten internationalen Verkehrssprache entwickelt, auch als Lingua franca bezeichnet.
- So lesen mehr als zwei Drittel aller Wissenschaftler weltweit in Englisch, 80 % aller E-Mails werden in englischer Sprache verfasst und 80 % aller elektronisch gespeicherten Daten sind auf Englisch.[3]
- Englisch als Lingua franca ist nicht grundsätzlich anders als das Englisch, das von Muttersprachlern weltweit gesprochen wird. Eine Ausnahme stellt die Aussprache dar: Neben den ohnehin vorhandenen muttersprachlichen Färbungen kommen in der Verkehrssprache Englisch noch einmal zahlreiche Aussprachevarianten hinzu, die aber zu keinen gravierenden Kommunikationsproblemen führen sollten. Und: Stellen Sie sich darauf ein, dass sich die Sprachkompetenz der einzelnen Sprecher/-innen stark unterscheiden kann.

---

[2] ebd.
[3] ebd.

- Englisch als Lingua franca hat auch eine einende Funktion: nicht in kultureller Hinsicht, sondern unter dem Gesichtspunkt, Kommunikation grenzübergreifend möglich zu machen.
- Gepflogenheiten aus dem Umgang mit englischen oder amerikanischen Partnern werden zunehmend auf Verhandlungen mit Nicht-Muttersprachlern übertragen. So findet der unkomplizierte Gebrauch des Vornamens auch zwischen europäischen Partnern insgesamt verstärkt Einzug.

9 Lerntipps

9.1 Die „Four Skills" beim Sprachenlernen

Beim Lernen einer Fremdsprache trainieren Sie stets vier Fertigkeiten: das Hören, Sprechen, Lesen und Schreiben. Nutzen Sie jede Möglichkeit, auch außerhalb des Unterrichts zu üben. Gelegenheit gibt es genug.

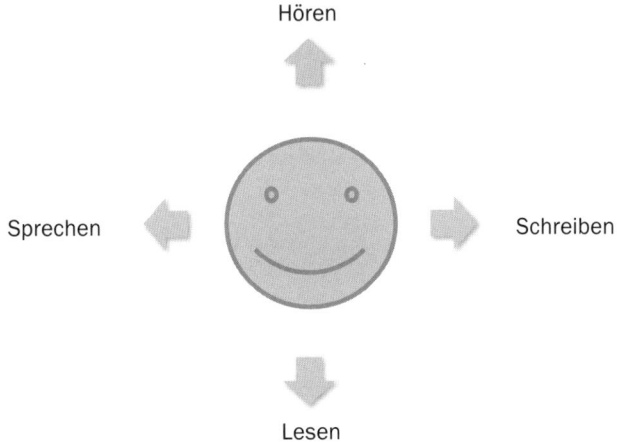

9.2 Hörverstehen

- Schauen Sie sich englischsprachige Filme oder Serien im Original an (ggf. mit Untertiteln), entweder im Kino oder auf DVD, gerne auch im Internet.
- Schalten Sie regelmäßig englische Radiosender ein; Nachrichtensendungen z. B. sind recht gut zu verstehen, weil Sie den Kontext (das, worum es geht) gut einordnen können, denn Sie hören / sehen ja auch deutsche Nachrichten.
- Hörbücher oder „Talking Books" sind attraktiv: Sie bieten Ihnen authentische Sprache verbunden mit Themen, die Sie wirklich interessieren. Suchen Sie sich einen Roman auf CD aus, hören Sie

sich ein und lassen Sie sich in die englischsprachige Welt entführen.

9.3 Sprechen

- Nutzen Sie jede Gelegenheit, um Englisch zu sprechen: geschäftlich, im Urlaub, am Telefon usw. Keine Angst vor Fehlern, denn diese sind wichtig für den Lernprozess.
- Suchen Sie Kontakt zu Englischsprechenden, auf dem Campus, im Unternehmen, im Freundeskreis. Das müssen nicht unbedingt Muttersprachler sein, denn auch wenn Sie Englisch zur Kommunikation mit anderen Europäern, Südamerikanern oder Asiaten nutzen, machen Sie spürbar Lernfortschritte.
- Muttersprachler korrigieren, wenn Sie sie darum bitten, gerne und stets mit Taktgefühl. Profitieren Sie davon!

9.4 Leseverstehen

- Surfen Sie im Internet – besuchen Sie englische Seiten, die für Ihren beruflichen Kontext relevant sind, aber selbst wenn Sie „nur" aus Spaß im Netz sind, wird das Ihre Lesekompetenz verbessern.
- Lesen Sie englische Romane / Zeitungen / Zeitschriften. Es gibt speziell auf Lerner zugeschnittene Magazine, die Vokabelerläuterungen und landeskundliche Zusatzinformationen enthalten (z. B. „Spotlight", **www.business-spotlight.de**). Sehr zu empfehlen.
- Wenn Sie englische Texte lesen, schlagen Sie nicht jedes Wort sofort nach. Das kostet Zeit und ist frustrierend. Nutzen Sie das Wörterbuch nur, wenn Sie wirklich nicht weiterkommen, denn viele Wörter erschließen sich für Sie aus dem Zusammenhang. Sie werden sehen, nach einer Eingewöhnungszeit verstehen Sie das Gelesene recht zuverlässig. Wenn Sie sich ein „klassisches" Wörterbuch zulegen möchten, so ist das „Langenscheidt Fachwörterbuch Kompakt Wirtschaft Englisch" zu empfehlen, das allgemeinsprachliche Einträge und Fachwortschatz Wirtschaft ausgewogen kombiniert.

9.5 Schreiben

- E-Mails, Kurznachrichten, Beiträge in sozialen Netzwerken auf Englisch, das alles sind gute Übungseinheiten, die Sie gar nicht als „Lernen" wahrnehmen. Je mehr Sie schreiben, desto besser.
- Die E-Mail ist die derzeit gängigste schriftliche Kommunikationsform. Wenn Sie mit Muttersprachlern im Austausch stehen – beruflich oder privat – lassen Sie sich hin und wieder ein Feedback zu Ihrer Schreibkompetenz geben.
- Für den Hochschulbereich gibt es zahlreiche Übungsbücher zum Thema „Academic Writing", die Sie beim Verfassen von Seminar- oder Abschlussarbeiten unterstützen.

9.6 Wortschatz und Grammatik

Neben den kommunikativen vier Fertigkeiten sollten Sie Wert auf Wortschatz- und Grammatiktraining legen.

Wortschatz — Grammatik

- Überlegen Sie sich, wie Sie persönlich Wortschatz am effektivsten lernen. Empfehlenswert ist, sich Vokabeln immer im Kontext anzueignen, also in zusammenhängenden Wortgruppen und festen Wendungen, die auch als „Wortpartner" bezeichnet werden können. Anstatt sich für das deutsche Wort „Student" nur die Übersetzung „student" einzuprägen, ist es viel sinnvoller, feste Wendungen wie „to be a first-year student, to be a law / engineering / business administration / economics student at Munich / Liverpool university" zu lernen.
- Damit wir mit Wörtern wirksam kommunizieren können, müssen sie auch regelkonform ausgesprochen werden. Gut, wenn Sie das Internationale Phonetische Alphabet (IPA) erlernt haben, mit

dem die Aussprache von Wörtern beschrieben wird, zu finden in den meisten klassischen Wörterbüchern. Ein weiteres hilfreiches Instrument ist die Aussprachefunktion zahlreicher Online-Wörterbücher (z. B. **www.leo.org**). Lassen Sie sich die Wörter solange vorsprechen, bis Sie sie sicher beherrschen und bei Ihrer Präsentation am nächsten Morgen souverän aussprechen können.

- Greifen Sie auf thematische Lernwortschätze zurück, die Ihnen helfen, das richtige Vokabular für die inhaltliche Vorbereitung z. B. einer Präsentation zu finden.
- Was Grammatiktraining betrifft, so gibt es hervorragende Lerngrammatiken, die sich besonders fürs Eigenstudium eignen. Sie finden Regelerklärungen, dazu passende Übungen und einen Lösungsschlüssel (z. B. die „Powergrammatik" vom Hueber Verlag). Auch im Internet finden sich viele Englisch-Portale, die kostenlos interaktive Grammatik-Übungen anbieten. Grammatik hat beim Lernen übrigens eine Hilfsfunktion, sie unterstützt die kommunikative Kompetenz, ist daher niemals Selbstzweck.

9.7 Prüfungen

Wenn Wirtschaftsenglisch nicht Teil Ihres Studienabschlusses bzw. Ihrer beruflichen Qualifizierung ist, bietet sich für Sie ein international anerkanntes Wirtschaftsenglisch-Zertifikat an, das Ihnen bei Bewerbungsverfahren durchaus nützlich sein kann. Einen guten Überblick hat die Stiftung Warentest zusammengestellt (**www.test.de/Englischzertifikate-fuer-Fortgeschrittene-Ein-Zertifikat-fuer-gutes-Englisch-4327568-0**). Informieren Sie sich speziell über die Zertifikate der London Chamber of Commerce (Londoner Handelskammer, **http://lccieb-germany.com/**) oder die Business English Certificates der University of Cambridge (**http://germany.cambridgeenglish.org/exams/bec.php**). Beide Zertifikate sind international anerkannt und werden auf mehreren Kompetenzstufen angeboten.

Ein **Tipp zum Schluss**: Versuchen Sie, während des Studiums oder in den ersten Jahren Ihres Berufslebens für einige Monate ins (englischsprachige) Ausland zu gehen. Es gibt keine bessere Möglichkeit, sich sprachlich rasch weiterzuentwickeln, interkulturell an Erfahrungen zu gewinnen und dabei gleichzeitig Freude zu haben. Sie werden nachhaltig davon profitieren.

Viel Erfolg beim Lernen!

Hilfreiche Materialien fürs Englischlernen: eine Auswahlbibliographie

Klassische Lernmaterialien in Buchform

Allgemeine Wörterbücher und Fachwörterbücher (zweisprachig)

PONS Großwörterbuch Englisch. Stuttgart: Pons 2014.
PONS Wörterbuch Schule und Studium 1: Englisch-Deutsch. Stuttgart: Pons 2012.
PONS Wörterbuch Schule und Studium 2: Deutsch-Englisch. Stuttgart: Pons 2012
Langenscheidt Fachwörterbuch Kompakt Wirtschaft Englisch. München: Langenscheidt 2012.
Langenscheidt Fachwörterbuch Kompakt Technik Englisch. München: Langenscheidt 2012.

Einsprachige Wörterbücher

Dictionary of Contemporary English – DCE. München: Langenscheidt 2009.
Advanced Learners' Dictionary. Berlin: Cornelsen 2010.
Macmillan English Dictionary for Advanced Learners. München: Hueber 2013.

Wortschatz

Baddock, Barry; Vrobel, Susie: Großer Lernwortschatz Wirtschaftsenglisch aktuell. München: Hueber 2013
Emmerson, Paul: Business Vocabulary Builder. The words and phrases you need to succeed. Oxford: Macmillan 2009.
Hoffmann, Hans G.; Hoffmann, Marion: Großer Lernwortschatz Englisch aktuell. München: Hueber 2013.
MacCarthy, Michael; O'Dell, Felicity: English Collocations in Use. Cambridge: CUP: 2005.
Mascull, Bill: Business Vocabulary in Use – Intermediate. Cambridge: CUP 2010.

Übungsmaterialien

Bangert, Kurt: Fit für die Prüfung – Wirtschaftsenglisch. Lerntafel. Konstanz: UTB/UVK 2013.

Emmerson, Paul: Email English 2nd edition. Oxford: Macmillan 2013.

Hughes, John: Telephone English. Oxford: Macmillan 2006

Stevens, John: Troubleshooter Englisch. Typische Fehler vermeiden. München: Hueber 2014.

Hoffmann, Hans G.; Hoffmann, Marion: Großes Übungsbuch Englisch neu. Grammatik. München: Hueber 2014

Williams, Erica J.: Presentations in English. Find your voice as a presenter. Oxford: Macmillan 2008.

Grammatik

Duckworth, Michael: Essential Business Grammar and Practice. Oxford: OUP 2006.

Emmerson, Paul: Essential Business Grammar Builder. Oxford: Macmillan 2006.

Emmerson, Paul: Business Grammar Builder: Second Edition – Intermediate to Upper-Intermediate. Oxford: Macmillan 2010.

Hoffmann, Hans G.; Hoffmann, Marion: Große Lerngrammatik Englisch – Vollständige Neubearbeitung. Regeln, Anwendungsbeispiele, Tests. München: Hueber 2010.

MacCarthy, Michael; McCarten, Jeanne; Clark, David; Clark, Rachel: Grammar for Business with Audio CD. Cambridge: CUP 2009.

Murphy, Raymond: English Grammar in Use with Answers and CD-ROM: A Self-study Reference and Practice Book for Intermediate Learners of English. Cambridge: CUP 2012.

Stevens, John: Business Grammar – no problem. Eine Englischgrammatik mit Übungen und Tests. Berlin: Cornelsen 2010.

Stevens, John: Die neue Powergrammatik Englisch. Für Anfänger zum Üben und Nachschlagen. München: Hueber 2012.

TOEFL (Test of English as a Foreign Language) Vorbereitung

Sharpe, Pamela: Barron's TOEFL IBT – Internet-Based Test. New York: Barron's Educational Series 2013.

Bewerben auf Englisch

Pocklington, Jackie; Schulz; Patrik; Zettl, Erich. Bewerben auf Englisch. Leitfaden mit Tipps und Mustern. Berlin: Cornelsen 2010.

Das WWW fürs Englischlernen nutzen

Allgemein (Portale für Englischlerner/-innen)

Das British Council bietet eine interaktive Webseite mit zahlreichen Artikeln und Übungen zum Englisch lernen. Die Rubrik „Professional English" richtet sich speziell an Lernende, die berufsbezogenes Englisch lernen bzw. vertiefen möchten (nach Branchen aufgeteilt): http://www.britishcouncil.org/professionals.htm

Sehr schön auch die Seite von der BBC, die eine ganze Palette von Materialien zum Englisch lernen bereithält: http://www.bbc.co.uk/worldservice/learningenglish/

„Last but not least" lohnt sich der Blick auf http://www.spotlight-online.de/, der Online-Seite des bekannten Magazins für Sprachenlerner/-innen.

Wortschatz

LEO, das wohl bekannteste Online-Wörterbuch, entwickelt an der Technischen Universität München, mit Zusatznutzen wie Aussprache vieler schwieriger Wörter: http://dict.leo.org/

Dictionary.com, ein sehr schönes einsprachiges Online-Wörterbuch, mit Erklärung der Bedeutung der Wörter und ihrer Herkunft; interessante Extras wie „Word of the Day" und „Quote of the Day" und Vertonung sämtlicher Einträge: http://dictionary.reference.com/

Welche Wörter und Ausdrücke werden häufig verwechselt bzw. falsch benutzt, selbst von englischen Muttersprachlern? Die Website des amerikanischen Linguisten Paul Brians gibt Auskunft: „Common Errors in English" (http://www.wsu.edu/~brians/errors).

Fertigkeiten (Auswahl an Links)

Listening/Viewing

Das australische Portal http://australianetwork.com/businessenglish/ hält ein interessantes Angebot für den Bereich Business English bereit. Professionelle Videoclips zu unterschiedlichen Themen/Fertigkeiten, mit Transkripts zum Nachlesen und weiterführenden Erläuterungen. Nice!

Speaking

Eine nützliche Zusammenstellung von Ausdrücken, die im Geschäftsleben häufig gebraucht werden, hat das Portal http://www.eslgold.net/business/useful_expressions.html für Lerner/-innen zusammengestellt. Auch sonst interessante Übungsmaterialien, nach Fertigkeiten und Stufen unterteilt. Wenn es um die korrekte Aussprache geht, ist http://www.howjsay.com/ eine gute Adresse – Eingabe des Wortes, vorspielen lassen, am besten nachsprechen.

Lesen

Die Webseite esl.about.com hält ein Angebot zum Leseverstehen bereit: Strategien, Übungen, unterteilt nach Niveaustufen. http://esl.about.com/od/englishreadingskills/English_Reading_Comprehension_Skills_for_ESL_EFL_Learners.htm

Schreiben

Zahlreiche Tipps und Übungen zum Schreiben (u.a. Bewerbungen, Briefe und Essays) sind auf der Seite http://esl.about.com/od/writingbusinessenglish/Business_English_Writing_Skills_ESP_English_for_Special_Purposes_Busin.htm gelistet.

Übersetzungen

Obwohl Übersetzen eine Spezialfertigkeit ist, die einer gesonderten Ausbildung bedarf, ist es auch für den „normalen" Sprachenanwender notwendig, einfachere und komplexe Zusammenhänge ins Englische zu übertragen (und umgekehrt). Hilfreich dabei ist nicht nur LEO (siehe oben), sondern auch http://www.linguee.de/, eine Seite, die zeigt, wie bestimmte Wörter und Sätze in der Vergangenheit übersetzt worden sind. Eine wertvolle Unterstützung, wenn auch eher für den fortgeschrittenen Anwender.

Lerntyp

Hilfreiche Tipps, wie Sie Ihren Lerntyp näher bestimmen können: http://talkreal.org/2012/09/09/so-testen-und-nutzen-sie-ihren-lerntyp-zum-erfolgreichen-sprachenlernen/#more-692

Stichwortverzeichnis

A
Abkürzungen 22
Anrede 20

B
Betreffzeile 20
Bezugszeichen 19
Briefkopf 19

C
Compliance-Regeln 37

D
downtoners 36

E
E-Mails 17
Empfängeradresse 20
Englisch präsentieren 30
Englisch telefonieren 13
Englisch verhandeln 26

G
Gastgeschenke 37
Geschäftsbriefe 17
Geschäftspartner 8
Gradlinigkeit 36
Graphen beschreiben 23
Großbritannien 35

H
Handshaking 8, 35
Hörverstehen 39

I
Interkulturelle Hinweise 35

K
Kontakte knüpfen 6

L
Leseverstehen 40
Lingua franca 37

N
non-native speakers 37

P
Präsentationen 30
Prüfungen 42

S
Schlussformel 20
Schreiben 41
Small Talk 35
Sprachenlernen 39
Sprechen 40

V
Vereinigte Staaten von Amerika 36
Verhalten von Geschäftspartnern 35
Verhandlungen 26, 35
Visitenkarten 7
Vornamen 8

W
Wortschatz 41

Übung macht den Meister

Jens Starke-Wuschko
Präsentieren im Studium
1. Auflage
2014, 125 Seiten
ISBN 978-3-8252-4215-2

Präsentationen vor Dozenten und Kommilitonen gehören für Studierende zum Alltag. Viele werden aber schon beim Gedanken an das Halten eines Vortrags nervös. Doch erfolgreiches und souveränes Präsentieren kann man lernen und üben.

Jens Starke-Wuschko erläutert verständlich und einfach umsetzbar, wie die Leser ihre Präsentationen wirksam verbessern können. Er bietet Studierenden eine Art »Werkzeugkasten« des Präsentierens an. In der Vorbereitung kann sich so jeder das persönlich passende Werkzeug herausnehmen: Passend zur Botschaft. Passend zum Publikum. Passend zum individuellen Auftritt.

Zu praktisch jedem Werkzeug, das dieses Buch vorstellt, hat der Autor Videobeispiele aus dem Internet anschaulich erläutert.

www.uvk-lucius.de/praesentieren

Studienliteratur –
wie und wann ich will

gedruckte Lernmedien
von Lernbüchern bis Lernposter aus über 30 Fachbereichen

Online-Zugang
Bücher in digitaler Form online lesen und nutzen

ePUB
das Format für mobile End- und Lesegeräte

Apps & Downloads
Lernhilfen zur Wissensvertiefung

kostenloses Zusatzmaterial
frei verfügbare Zusatzmaterialien zu über 500 Titeln online

Kostenloser Versan
innerhalb Deutschla
ab 10,00 € Bestellwe

**2 Wochen
Rückgaberecht**
Schnelle Retoure
abwicklung

**Alles unter
www.utb-shop.de**

utb